草色 番茄 雪

宋　曉　傑
娜仁琪琪格　著
李　　　點

詩　藝　叢　刊
文史哲出版社印行

國家圖書館出版品預行編目資料

草色 番茄 雪 / 宋曉傑, 娜仁琪琪格, 李點
著. -- 初版 -- 臺北市：文史哲, 民 105.11
頁；　公分（詩藝叢刊；1）
ISBN 978-986-314-340-6（平裝）

831.86   105022142

詩 藝 叢 刊　　1

草色 番茄 雪

著　　者：宋曉傑, 娜仁琪琪格, 李　點
出 版 者：文 史 哲 出 版 社
http://www.lapen.com.tw
e-mail：lapen@ms74.hinet.net
登記證字號：行政院新聞局版臺業字五三三七號
發 行 人：彭　　　正　　　雄
發 行 所：文 史 哲 出 版 社
印 刷 者：文 史 哲 出 版 社
臺北市羅斯福路一段七十二巷四號
郵政劃撥帳號：一六一八○一七五
電話886-2-23511028 · 傳真886-2-23965656

定價新臺幣二四○元

二○一六年（民一○五）十一月初版

草色・蕃茄・雪

目　　次

宋曉傑・雲水謠

娜仁琪琪格・七彩的麥浪，吹拂塵世的生活

李　點·尚有荒蕪

8　草色・番茄・雪

雲　水　謠

宋曉傑

作者簡介：

　　宋曉傑，1968 年生於遼寧盤錦。已出版長篇小說、詩歌、散文、兒童文學作品等各類文集十七部。一級作家。曾獲第二屆冰心散文獎、2011 年度華文青年詩人獎、遼寧文學獎、2009 冰心兒童圖書獎、第六屆中國‧散文詩大獎、《揚子江》詩刊雙年獎等。參加過第十九屆"青春詩會"和"魯迅文學院第七屆中青年作家高研班"。2012-2013 年首都師範大學駐校詩人。現供職于遼寧文學院。

狀　態

我已臣服於命運的安排
它讓我低、慢，讓我稍稍靠後
我都如實去做了。在那些反復升起的
黎明背後，苦難和屈辱實在算不了什麼
我的骨骼冰涼、堅硬，想不起多餘的
憤怒和記恨，挾帶著過耳的風 ——

而恰恰，是那些：幼小的、明亮的、溫暖的
事物，讓我止不住哭泣，星淚紛紛……

總會有那麼一天

那一天，人們忽然勤奮，愛學習
那一天，實際在做一種貿易
但不是仨棗換倆梨，五馬換六羊
而是用我的餘生，換你的成長
我的支出，換你的川流不息

總會有那麼一天，灌木叢生
人煙稠密，野菊花開遍原野和山岡
不再是遙遠的冰河時期……可是，

總會有那麼一天，把手中的果實
和璀璨的煙花，統統放下
我們去向無盡的遠方，發現
草根的秘密

木頭人

好好打磨，沒有毛刺兒
足夠的時間足夠把我們變成木頭人
呆頭呆腦，害怕眩暈，不能轉圈
歡樂、悲戚也不能 ──
我們都是木頭人，這多麼殘酷！

鍛造的過程是溫柔的，沒有疼痛
多一點，少一點；胖一點，瘦一點
慢慢地修理吧，弄光滑那些露出的表面
不招惹是非，也不抵擋……
風塵和雨水也無能為力。多好啊！
應該真誠地感謝緩慢，我們終於成為：
舊時光翻新了的 ── 木頭人！

這些年的雨水

這些年的雨水不大不小，乾旱或滂沱
都是老一套。如果這些年的雨水用
降雨量來衡量的話，足夠蓄一座深深的
水庫了；足夠我在人世的峽谷中
做一次優美的俯衝，或漂流

然而，我說的是一個叫“雨水”的節氣
就像說一位叫“小雪”的女孩兒
她是柔的 —— 我暗自慶倖，如果我是一把刀
它並沒有把我怎樣，不過是三五朵
好看的梅花鏽，溫存的鈍
卻並不影響什麼……

去往公墓的路上

這破曉的清晨是嶄新的
這輕輕浮著的微塵是嶄新的
這緩慢遊移著的分子是嶄新的
這不易察覺的呼吸是嶄新的

那條剛剛拓寬通車的路是嶄新的
那叢叢林立的房舍是嶄新的
那高高的山岡上松柏的年輪是嶄新的
那些……死亡的石碑是嶄新的

只有我，是越來越舊的……

土　豆

你是溫和的，需要慢，不能說話
躲在暗的角落裏，才舒心養胃
燈光是昏昏的，均勻地覆蓋。倘若打開 ——
就會有山坡、丘陵、盆地，和一條條奔赴的路
深淺不同的陰影，就是這麼來的……

多少年了，在浩蕩的人群中
想起最多的，就是你，和我自己
的出處……當然，我是樂觀的：一邊在花圍裙上
抹著手指上的菜汁，噝噝地吹著涼風
掀開鍋蓋；一邊耐心地等待
　—— 永無出頭之日！

雨夜，你奔馳在路上

初一的大雨，從頭到尾
落在我的屋頂，落在泥濘的街衢
而你，卻在另外兩座城市間，奔馳 ——
為著第三個人的命運……

關了所有的燈，在狂風暴雨中
摸黑躺下。我紋絲未動
卻比滾雷跑得更急、更遠
比閃電更乾脆、更破碎……

突然想起滿眼的野花

不在具體的哪一處，也不是
具體的哪一種：紫粉、湖藍或橙黃
都行。但是，一定要是清一色的
整整齊齊地仰著小臉兒

我喜歡花，更喜歡那個 "野" 字
有點兒霸道，有點兒寂寞，還有點兒 ——
還有點兒安於命運⋯⋯這麼多年
它們一直端坐於我的內心
曬太陽、不知道愁，在微風中輕輕地
搖頭晃腦，偶然地死去或活著
我幾乎已經成為 —— 它們中
必然的一個

爲什麼總是被遠方的消息擊中

為什麼總是被遠方的消息擊中
一次次地，心似蓮蓬？
為什麼，那麼多事情都與我相關
難過、悲戚，流不出淚，整夜整夜地
數著綿羊和星星？

我站著 —— 誰都看得出，我是一棵
沒病沒災的樹，不多言多語，也不招風
但是，為什麼越來越弱，一次次地
被不認識的事物蠶食、掏空？

我殘餘的力量，越抱越緊
像一輛破舊牛車，全神貫注地駛向縱深
—— 遲早，也會像碎成一地的老古董
我感到，自己正一點點地，變成
塵世沒用的窮親戚……

有人在黑暗中說話

這是秋分時刻，這是又一個
降臨的黃昏。雲朵穿行
月亮正在變圓，發揮作用
院子裏有幾分安寧，幾分騷動
我坐在空中樓閣，被遠方的事情苦苦折磨
有人在黑暗中說話，似喃喃的秋蟲
低一聲，高一聲，沒有具體內容

"最初的黃昏，在室內不應點燈"
這是關鍵的時刻，我被分成均勻的兩部分
一邊留守；一邊加衣裳，準備動身
有人在黑暗中說話，並不能改變什麼
這的確是一個急需填滿的夜晚，而梧桐
一動不動 —— 在越升越高的月色中
我無可挽回地，慢慢下沉 ——
慢慢深刻，成為深淵……

晚　禱

春天，花朵還沒有聚齊
卻已露出迷人的小小模樣
在村子邊緣，在樹林的盡頭
聲音是從圓頂塔尖裏，傳出來的
悠悠的，像一條纏綿的河

我喜歡這樣的迷失，像著了魔
被看不見的什麼，牽著
跌跌撞撞地，如一個沒長大的小人兒
愛上子虛烏有的過去和神話傳說
鐘聲越來越淡，越來越清涼
在密林和群星中，睜開露珠的眼睛
一一復活。眷鳥歸林，親人相擁
青草的氣味素雅得愛憐、心疼，沒法說
夜是萬能的神呵，在浮屠的眾生之上
散一些清淡的歲月、花瓣兒和苦的藤蘿
再放一群低翔的白鴿，如果——

我就是其中：一隻飛禽，一支翎羽
一聲低至無限的顫抖的喜悅……

絕　塵

最後一個字叫絕筆，最後一首歌
叫絕唱。早春是明媚的，我們卻在談論死亡
談論一個熟識的人，正在消耗細胞、骨肉
和年華，抽出絲一般的陽氣，慢慢緊迫……
她愛戴草帽、愛穿白底兒紅字的 T恤
愛山水、花鳥，愛甲板後面歡笑的浪花
……她還沒有愛夠這紛飛的塵土

可是，這塵土也是愛她的。每當想起
大地和花朵，便看見一小匣珍貴的塵土
高高在上，標籤卻是：人間的姓名。

草　色

天空的大帆，越升越高
是去年秋天落下的帷幕嗎？
風是陀螺，如果它不拚命地轉
叫不醒睡思沉沉的花骨朵兒
我搓著冰涼的指尖 ── 那些僵硬的枝條
沖出房門……站在陽光下，我才舒坦
我要想想淡粉、鵝黃，想想漾開的水波
想想幼獸滑爽的皮毛兒，和那些溫暖的事物
一點點鬆軟，抽出體內的瘀寒

草色還遠沒有著落，但鬱金香像一團團
旺盛的火苗，竟自燎原。它不具有殺傷力
也不是令空氣顫抖的紅綢，但小鏃的葉片鋒利
喔喔地，暗藏著蠢蠢不安 ── 是的，

如果，我行走，就是英雄和夕煙
如果絕望，就是一棵委身於草原的草
重新在人間，經過 ──
不敢說出細小的孤單

今日驚蟄

雨水是個慢性子，從前些日子
走到今天，也沒看到影兒
但是我相信：它正在日夜兼程

從今天開始，要注意養生 ——
預防流感和麻疹；戒躁戒怒，晚睡早起；
松緩衣帶，免冠披發。另外還要
擦亮眼睛看、支起耳朵聽
在夜風中，俯下身，護著紅紅的
直筒的小燈籠……

如果還能愛；如果還有
淚水，在眼眶裏淺淺地噙著
在這一天，都請醒來吧：
扭著身體的幼蟲、騰起四蹄的小獸
還有 —— 睡得太久的故人
在暗夜，輕輕地翻個身

春天，應該……

應該在春天祈禱、低眉、斂目，聚攏橄欖枝
應該除去積塵，打開天窗，亮堂地說話
應該在晴朗的天光下，揮動雙臂，順便瞭望一下
鑽石的小山、滑翔的翅膀、寂寞寬諒的星空
應該想想火車，想想它無聲帶走的微風和面孔
應該用雙手揉揉孩子的小臉蛋兒，蹲下身，
聽他們側著頭，一字一頓地提問和糾纏
應該吃甜度適中的草莓、鳳梨，新鮮的海帶
應該把發黴的故事一瓣一瓣拆開、翻曬
應該望著窗外，托著腮，靜靜地發呆——
不鬆土、不紡線，也不獨自翻山、過河，更不抱怨
應該在陽光充足的正午，做一個短暫的美夢
應該寫下幾個字或兩行詩；應該看到無處不在的光
和它們乾淨的色澤；應該讚美、歌唱、熱愛
應該挺起胸脯，在柔和的光線下，大聲地誦讀
應該聽見幹硬的枝椏上，苞芽突然地笑出聲
應該有桃花的容顏、清雅的骨感，像個有爭議的
美人兒：一半是羞澀，一半是深淵

應該有勇氣承擔不必要的說辭；應該放棄、鬆手
應該笑，應該回憶和抬頭，應該流淚……

春天就是這樣子呵，它實在太稀薄、太透明了
應該有耐心，我們應該好好地心疼……

香　水

等它回來，貼著我的耳朵
小聲地說話；等它把舊日子
用身體，重新過一遍
這兒是青草，那兒是甜瓜
說不準還有誰的笑容，還有午後靜物的
寂寞、百頁窗半遮半掩的哀愁和孤單

我是在說香水嗎，那些藏著的盈盈眼波
它們排排端坐，或緊緊地縮回內心
或花枝招展地不要明天……
它們有名字、有體溫、有來龍去脈
像我脾氣各異的女兒們，借著我的血液
重回人間。這些長生不老的小妖精呵
是魔鬼還是天使並不確定。但毫無疑義
它們是深海中的漂流瓶，單等那個
重度眩暈者，驚鴻閃現——
許給它們一個隨風飄散的未來

中　年

差不多就是這樣子了 ——
如果，沒有什麼變故和災難
血壓將不再升高。就這麼
窩窩囊囊地，越過山頂
進入下坡……

破空而來，絕塵而去
這兩件事的速度太快了，讓我眩暈
我只想 —— 坐在這兩座山之間
貪生怕死地，慢慢消磨

允許敗筆、俗套、頑疾、壞習慣
它們跟隨我多年了，已成為我的老友
一個也不能少；允許緩慢地回頭、答話
更多地微笑；允許坐在重要的場合
像個標本，決不詰問、指責
允許動不動就愛掉眼淚；允許自戀
愛運轉多年的機器，愛骨肉、血脈和手足

並看好它們：不減少，最好也不要增加
慢慢地就好了 —— 我不是瓷器。是陶。

再沒有翅膀了，每片羽毛都是沉的、厚的
—— 恰好，適合護住所有的近親和山河

鏽釘子

它來源於一次閃光的誓言和擲地有聲的
穿越……它是年輕的歲月，以及鋒芒

不過，很快就翻過山去，像懸空的
那朵白雲，沒費多少力氣……
那些呼嘯的風聲、雷霆過後，成為一個
過氣的人，暮色又加重了幾分

鏽釘子，是身體裏的暗疾
無法醫療，更無法治癒……
像時間的傷，與時間根本沒有關係
它深深地陷入絕境，無法自拔

騎　手

我是一個偽騎手
醉心於翻鞍下馬的那一刻

眼前草海，背後夕陽
一直走，沒有盡頭
也沒有同類

中草藥

是中國的草以及植物
也是中國的體貼和甘苦
手捧粗瓷大碗，照不見影子
卻深知生活的濃度……

就那麼多了，我們不會比古人
更善於攀援和行走，不會比穿行於
深山老林的他們，認識得更多
草和植物脾氣各異，是否合得來
都要親手試一試、親口嘗一嘗

手搭命脈，就走進身體的迷宮：
這兒是主幹道，那兒是小分枝兒
哪一條都得仔細清掃，不許有落葉
也不許走走停停。整套的機組嚴密而龐大
卻需要草本、木本的溫良，去撫恤潤澤
請準備好文火、耐心、適度的水
如豆的火苗舔著鍋底 ──

請交給我隱痛的心，請把身子放平！

多難呵，煎熬變著花樣兒，仍在繼續
這一個清熱解毒，那一個止血化瘀
……謝天謝地，日子終於用舊了！
像那個熟讀《本草綱目》的烏黑瓦罐
用震盪的裂紋，顫微微地問道 ——
知母不知母？當歸不當歸？

暮晚的河岸

這河流、這土地，又長了一歲
對於浩蕩的過往來說，約等於無
三月，空無一人的河岸
沒有搖動的蒿草、旗幡和纏人的音樂
也沒有失魂落魄的小冤家要死要活
高架橋鬱悶著，慪著氣，生著鏽
晚霞如失火的戰車，轟鳴而下
並不能使冰涼的鐵藝椅
留住愛情的餘溫

這個時候，積雪行至中途
而河灘的土，又深沉了幾分
真的，我不能保證
倒退著走，就能回到從前

三月的小陽春，不過是假像
余寒，依然撬得動骨頭
空風景乾淨、清冽，沒有念想
如十字路口那一攤尚未燃盡的紙灰
正慢慢降下體溫，不知在懷念誰

給我一片稻田

給我一片稻田，就是給我色彩、形狀、
晴朗，以及歡喜的生命；就是 ——
給我想要的，北方的霸道和蠻橫

給我一片稻田，就是給我害蟲、麻雀
和吵鬧，給我水土、方言和沉潛的血脈
與稻草人一樣，我們都是空心人
只在露水晶亮的清晨 ——
感激、熱愛，淚光盈盈

預　言

這一年從一片雪花開始
然後，便轉向了根

── 不過，很快就過去了
很快，時間就會給出一個歡騰的大地
和煩惱的人生

烏鴉是一個寓言，說出人類的悲歡
而更多的人主動忽略了前程
積木的村莊裏，住著我的遠親
童年還近嗎？暮年還遠嗎？
我在中途，已輕鬆地把彼此確認
這無字的大書，找不到注腳
一切盡在不言中

走下山岡，分開泥土
把草莽中的種子一一辨認
我不說我有多麼純潔 ── 這難侍候的

花朵，最是經不起些微的風吹草動
還是做一個有性格的人吧：
盛開，得到讚美；傷痛，得以安慰。
像雪那樣，無聲無息 ——
自然而然地飄旋、消融
承受著世事無常

雪在燒

不是月下的清輝 —— 不是！
這個中午，是有把握的
除此，我說不出別的什麼

小雪，應該是一個女孩子的乳名
大雪則是滿頭銀絲，一夜成灰
來去之間，白嘩嘩的光陰流淌成河
你不說我也知道，一定曾經有誰
側身經過

白馬入蘆花，銀碗裏盛雪
終究會有一個人，呼嘯著奔來
如一列晚點的列車。震顫過後的大地
寒光一般寂滅……這遙遠的今生
有限的今生

簡筆畫

一條線是閃電，劈開大地
二條線是彎彎曲曲的河
三條線是脈脈的遠山，綿延不絕

在冬天，不宜飲酒、哭泣、懷念
白亮的天光下，亦不宜寫憂傷的文字
我別無長物，只有清茶一盞，明月孤懸
懷揣一隻馬良的神筆
用風雪來掩埋，以及灌溉
刪繁就簡地留下雪野
和大片大片的空白

雪夜，為自己溫一盞酒

沒人來訪，船已調轉方向
沉沉夜色使晚歸的人，陷得更深

身體不動，也能飛
低低地，貼著塵埃，在飛
遇到火就停下，遇到燈是另一種圖解
它們的意義相似，仿若一盞有體溫的酒
一隻溫軟的手，體恤而安慰

　　—— 不是為了誰
好好地醉，好好地心疼……

獨坐雪夜

不用乘船，不用馬匹
也能到達想要去的地方
北方的雪野多麼乾淨，如水晶的戰車
通體透明。遼闊的疆土
一哈氣，就化了 ──

內心明亮的人，不怕黑夜
安靜、空白、寂寞，也不怕
在這樣的夜晚，盡可以往四面八方走
無須點燈 ── 那樣會猜穿更多秘密
無須一個人哭泣 ── 風，也會因此而抖動
就坐著，就滑翔，按照你願意的樣子
拆分，組合，瞞天過海
懷著一顆植物的心，無毒，綠色
輕輕地破土，輕輕地放手……

我克制得還不夠

我克制得還不夠
當我聞到陽光的味道
草木灰的味道、河水的味道
我想，我容忍得還不夠
當冰雪的小小竹排
擠擠挨挨、吵吵鬧鬧地一路向東
去年的蘆葦，再也不能原地活過來……
最早回歸的丹頂鶴，鳴叫著
像滑翔機，安穩地著陸
在還沒有完全解凍的遼河岸邊
帶來春風、春雨和又一輪清新的問候
我想我克制得還不夠，因為──
是我自己，先化了

不知道哪場雪將是最後一場

……就像不知道哪個人，最後經過你
哪個月臺最後揮別，哪個日落最後輝映
甚至，不知道哪個時辰、哪陣細雨、
哪件棉布睡衣、哪本書最後虛設了陷阱

歸根到底，有些結論是別人給出的
也是時間給出的
一場雪是；一個人，也是。

新一年的決心書

我準備速度，也準備緩慢
準備筆，也準備槍
準備衰老，也準備青春
準備連綿的綠色，也準備肥胖的稻穀
準備書寫、圖畫和鏡頭，也準備音樂和空閒
準備風霜雨雪，也準備月光、淡茶和清香
準備做孩子，也準備分門別類的角色
準備墮落、灰心、苦惱、氣憤
也準備崛起、悔過、道歉、破泣而笑

總之，準備以背道而馳的方式接近
熟悉和嶄新的未知、變故、抉擇……
—— 大道遼闊，走我這一邊

荒野中的孤墳

還不到清明，它們是寂靜的
在一片小樹林裏，也可能是堤壩的陰面
不太起眼兒的一個小地方
我看見微微凸起的土包
── 像沒有發育好的青春
就已萎靡……

該稱"他（她）"，還是"它"呢？
已經變成植物，或營養著植物
便不必細究稱謂了

因為鐘錶的止息，你固執地
鎖住一行黑體字的時辰
每一年的春風，都會把你喚醒
你的屋宇，畫滿日月星索、桂花樹、
高高的天窗、帶翅膀的天使……
唯獨，沒有微笑、呼吸，以及眼淚

新鮮的泥土，翻卷著浪花兒
倦鳥歸巢，炊煙嫋嫋，草場清香
人們輕輕地揮動著牧鞭，吆喝著牛羊
沿著那條進村的路，四散而去
殘陽如血，山河依舊

荒野中的孤墳，是一個句號
是吸攝人的巨大漩渦……
　　── 我看見你，你就又活了一回；
寫下你，你便重歸人類……

現　狀

年輕時候，愛遠方、新鮮和熱鬧多一些
像泡沫，愛大的、亮的、空的一切

現在，我是一棵不好看的翅堿蓬
不要翅膀，不要好風
更不要千萬里的追尋和傷透心肺的悲喜
只想緊緊地伏在鹽堿地上
伸胳膊伸腿兒，做美夢，酣睡
蓬頭垢面，不思進取
偶爾，想想悲欣交集的往昔
順便也想想沒有病痛、愁苦的暮年
　── 如果你留意，就會發現
泥水中，星霜般晶瑩、閃亮的白花兒
……那些生命中的淚光和鹽
正是一個土著，甜蜜的傷

我們居住在閃電的中心，而不受傷

我們居住在閃電的中心，而不受傷
是不可能的。……在萬物消融的春天
想起那些化在泥土裏的童話和誓言
憂傷彌漫，不可遏止……

大地還沒有一絲綠色，焦急是沒用的
可是，誰能告訴我 ——
為什麼春天與懷念離得最近？
那個永遠沒有疼痛、沒有過去的人
為什麼以消失的方式，卻讓另一個人
洶湧的內心，成為生生不息的生死場？

閃電的犁鏵，不斷地淬火、鍛造
趟開大地寬闊的胸膛
　—— 而裏面，仿佛是空的！
沒有歡笑，沒有吼聲
或者，種下什麼是什麼

是否像所猜測的那樣

是否有蘊育在悄悄進行
是否有歡歌、哀愁；是否有愛和哭
是否有浪費掉的花香，輾轉反側的追問
是否有決心、意志、果決；是否有玫瑰的刺
是否有初相識、遠別離；是否有怨
是否有草原的大夢、長調的歌聲、
飄落的蒙古包；是否有喜鵲落在窗臺
是否有煙草的苦澀、懸疑和惦念
夜已深，遲遲無法入睡……
是否有小蛇鑽出乾淨、松香的泥土
是否有雨水沖散的晚餐、歡聚和
沒有揮手的告別
是否有薔薇，薔薇處處開
老年公寓。是否誰都想不起
誰都在心底……

做一個飽經滄桑的人

我是一塊好鋼，撚幾顆有用的
釘子，以備不時之需

做一個飽經滄桑的人吧
允許夜晚亮如白晝
允許在人聲嘈雜的時候，盹睡
允許愛、恨，並且充分表達
允許過往的歲月是有耐性的長篇
梗概、白描，收拾得乾乾淨淨
允許滿臉皺紋縱橫交錯，而目光湛藍如星
允許率性而為，允許為旁不相干的事
嬰兒般哭泣，不知羞愧
……而不需要修辭、前綴、甜言蜜語
我是元文字，仿佛初生！

當我離開，烏雲密佈，星野低垂
是誰，在深深懷念……

書桌上的男表

她已忘了獨居多少時日
在婚姻中提及此事
多少有些難堪
這麼多年，她守口如瓶
笑得燦爛而空洞
與紙糊的燈籠沒什麼兩樣

那一夜，黃曆上說：宜動灶、宴友
她親自下廚，做倆人份的飯菜
一瓶紅酒是藥引子
剛好，誘發暗疾

……舊病復發。第二天，在萬丈光芒中醒來
一切如常。只是書桌上的男表，讓她恍如隔世——
生活中空了多年的輕飄
正好由這只砝碼，稱了過來

提　審

這一年風行水上
這一年百感交集
這一年，埋頭耕作，珠胎暗結
這一年，背道而馳，越走越遠
這一年是獨自歌唱還是尋找深淵？

當暮色打開隱形的翅膀
推門而入的是海，還是藍天？

就坐著，就望著，失神於嘯叫或雷霆
　——要麼破冰，要麼沉船

單行道

不與不義的人、矛盾的人為伍
不在陰雨天流淚、傷懷
不吃隔夜的剩飯剩菜
不記奪妻之恨、滅夫之仇
不說廢話和閒話，更不說毫無原則的話
不改要不了命的毛病和習慣
不抒情，不懷舊
就是這樣的殘片斷簡了
　── 如單行道
走到哪兒，哪兒就是荒塚

骨灰戒指

這時候，肉身無用，就隨雲雨蒸發去吧
連同人間的浮塵、虛火與種種煩憂
我跟隨你秘密潛行於山水之間
無非是你增生的骨節
長途跋涉中，額外多出的隱痛……

昨夜的夢中，無悲無喜地，我死了一回
輕如骨灰 —— 即使濃縮，也無足輕重

人群四散，你下意識地低著頭
小心轉動著指間的戒指
亮出我的底牌……
　—— 親愛的，原諒我先睡了
漫漫長夜，你盡可以一寸一寸地疼

水　墨

剛剛畫過兩張荷，就過了午夜
繁重的白日撂下挑子
在虛無裏，歇一歇

整個城市漂浮在燈火之河
此刻，我想起誰，誰就醒著
思念誰，誰就復活

賭氣的、負債的，仍在撕心裂肺
病榻在呻吟：“好歹，熬過這一夜……”
更多的人，想著元宵、情人和巧克力
以團圓之名、情感之名
給生活添油加醋
像墨色中淡粉的荷

……真的該睡了！
你不在眼前，這座城，就是空的
如慢慢漾開的水墨
不知何時，蜻蜓也飛走了

午餐前，在畫室

和兩個男人
在第三個男人的畫室裏，看畫
赤裸的人體從包裹中得以重見天日
胴體柔和而潔白，像窗外的陽光
只在關鍵部位，加一點點青銅的陰影

有一瞬，畫室裏靜極了
陽光如歡騰的塵埃
我愣怔著，下意識地拉了拉衣角
三個男人饑餓地盯著他們想盯的地方
嘖嘖讚歎
並用小指肚兒，小心拂去浮塵

那個中午，我的臉紅了兩次
一次是因為羞澀
第二次是因為覺醒

為了掩飾我的臉紅
我拍照，拍照，從不同角度拍照 ──
是的，我們在欣賞藝術
不是看女人

這一年

這一年，黃昏與晨曦互換
這一年，無所事事，時間卻總是不夠用
這一年，噤聲，節約語言，凌空漫遊
這一年，眼淚是懷疑，也是糖精
這一年，城池陷落，野草瘋長，雨水氾濫
這一年，落日在東邊，煙火、戰火也在東邊
這一年，不斷地挖一口井
這一年，夢醒時分，不知身在何方
這一年，誰顫抖著雙手，親吻奴隸解放證書
這一年，根須裸露，白雲沸騰……

紀念是有毒的陷阱
誰也不說墮落
可我的確在移動
　── 如看不見的星子
飛旋，蜂擁，不知所蹤

柿子樹

像蘋果樹一樣
它常常出現在電影、小說裏
帶著家常的溫熱和宿命的光輝
我一直記得那年的宋莊
魏克和漠子的潘安大院裏
那棵深秋的柿子樹
值得我歪著頭鄭重地仰望
早炊溫暖的爐火，又使它額外
蒙上一層清霜

那天，我在水果店裏遇見柿子
它軟軟的，鮮亮的橘色，圓潤可人
但我不想碰它 ——
離老年還有一段距離
不過，我只找它的"軟處"捏
—— 一個人與它終生為敵
因為愛那個人
我顫抖著心，無緣無故地恨它

我常常把逝去的親人混爲一談

玻璃珠兒，陰雨天，苦艾菜
燕子嘰嘰喳喳，壓彎了高壓線
爺爺從牆上取下軍用挎包，半導體
嘶嘶啦啦的雜音，如他專制的
壞脾氣，不定期發作
他挑剔米飯硬了，還是軟了
胃是試金石，一直藏在左側口袋裏
　──錯了，這是公公的習慣
他還喜歡速度、輕騎摩托和耳邊的風
　──又錯了！那是未成年的小妹
她不僅喜歡自由的風
還喜歡蝴蝶……灰；就像前院的二奶奶
她的長煙袋鍋鍋，就是荒塚
霧霾後面：懸浮的樹精、鬼魅
兀自跳動的雙眼皮兒……
突然出現爺爺，在苔蘚濕厚的井臺邊
說笑，彎腰，汲水……

我們知道的太多了，懂得卻又太少
這解構的夢境、啼笑皆非的生活
莫非就是真相 ──
請相信：木頭墩，彩虹，鏽死的人
相信幼兒清澈的眼波，鹿茸裏沒有毒
允許我在離去之後，四野寂靜
允許懷念的人說：從前……
還說：世界小的時候……

可能的傍晚

迷戀那件煙色的大衣
及膝的羊皮靴，它沉默的黑色
適宜搭配大雪的中年
清冷的傍晚，我鎖好車門
在林蔭裏走一走

笛聲遠去
摸爬滾打的人世已遠
白楊靜穆，渾身的傷口
只有風雪能夠止痛
樹梢搭建了微縮的蒼穹
又掛上月牙的彎刀
孤寒的圖騰

雪花兒旋舞
童話的城堡中，燈火交錯
樂音，細如微風
　──命若琴弦！星子飛馳
拜神所賜的夜晚
我看見：青年的我，臨窗獨坐
少年的我，在爐火旁清洗一堆白骨

小小姑娘

天還沒亮
早起的人頂著寒氣出發了
走廊房門沉重地關上
從沙發的潛睡眠中醒來
聽到隱約的爆竹聲響
——這個時候，一定是祭祀和埋葬
已近年關了，都急著趕路
一股暗流，推著人們往前走

家人沖了下水，又躡手躡腳進入夢鄉
而我，在黑暗中縮小骨骼
無聲地淚流
成為你的小小姑娘

七彩的麥浪
吹拂塵世的生活

娜仁琪琪格

作者簡介：

　　娜仁琪琪格，1971 年 4 月出生，蒙古族，遼寧朝陽人，現居北京。中國作家協會會員。大型女性詩歌叢書《詩歌風賞》主編，大型青年詩歌叢書《詩歌風尚》主編。參加《詩刊》社第 22 屆"青春詩會"，著有詩集《在時光的鱗片上》（入選中國作家協會 21 世紀文學之星從書）、《嵌入時光的褶皺》。獲得冰心兒童文學獎、遼寧文學獎、《現代青年》2015 年度最佳詩人獎等獎項。

我有我的九萬里山河

請原諒　我依然寫詩
依然在這個塵世上忙碌與熱愛

就像雪花的飄落　來自生命的天空
熱愛　這樣的舞蹈與潔白
就像春天的花朵　來自自然的風和雨
喜歡　這樣的明媚與燦爛
就像山川　就像河流
就像天上的太陽　水裏的月亮
也像夏夜的螢火蟲　九月的山菊花
……

該來時自然來　該走時自然走
你有你的八千里平川　我有我的九萬裏山河
呵呵　就是這樣

輕輕撫摸大地的皮毛

這是大地柔軟的皮毛　我不僅感到了
它的暖　伸出手去
輕輕撫摸　一萬畝草地在
傾俯　它是如此地溫軟與柔順
我看見一千九百九十九隻獅子
在沉睡

而我多想躺下身來　在這寬厚與沉穩之上
曬太陽　做夢——
或者我什麼都不想　閉上雙眼
只管曬太陽　如果蝴蝶來了
我也不理　如果哪一朵小花
突然開口說話　我也只是伸出食指
放在嘴邊　示意它小聲點兒
聲音還要再小一點兒

此時我是慵懶的　把一個小女子的慵懶
散淡　舒緩　統統拿出來

我就要在大地的皮毛之上
側臥著身子看風景
聽一千九百九十九隻獅子的
夢囈與鼾聲 ——

伸出手　輕輕撫摸它們的皮毛

然後停了下來　又是十年

我想停下來　什麼也不幹了
用十年的時間寫一首詩
慢慢地　在某一些關節上
精雕細刻　輕輕撫摸
我一再想到　那個冬日　暖陽
時光的鱗片上　兩條騰躍沉伏
沉伏又騰躍的魚兒　它們反反復複
刺傷了我的雙眼　讓我在那裏找到溫存

我想停下來　找到那枝玫瑰
那束百合　那幾朵白菊
她們在路上緩慢地走著　她們不曾被誰領走
我想停下來　找到疼痛
顫慄　在寒中找到暖
找到丟失多年的淚　一個女人不再有淚光了
也就不再美　我想在淚光中
再次看到你的驚慌　喜悅
手足無措　孩子般的眼神

如果是這樣　我再續上十年
往下寫這首詩　輕輕的　慢慢的
然後停了下來　又是十年

在那遙遠的年代裏

一個在塵俗中忙碌的人　仿佛習慣了
這種沉重　一個被生活的鞭子抽打著的人
仿佛是一隻　旋轉的陀螺
然而　她的身體裏藏著
一個仙子或是小妖　這是不為人所知的
在那個遙遠的年代裏　走失了的詩畫女子
而今安於這樣的日子 —— 土豆　番茄
白菜　大米　麵粉
勞作裏的陽光與灰塵

但是　她的身體裏終是
藏著日月的　終是隱著春秋的
樹尖上的清風　草葉上的露珠
花朵的歌舞　小鳥的啁啾
以及水流的遠方　它們在某一刻
突然跑了出來　招著手　眨著眼
喊她　叫她　一遍又一遍

於是　在某一刻
有人會看到她 —— 盈滿了淚花
而那個不染塵埃的女子　依然凌波水上
這是別人看不到的

雪

雪向著她生命的內部
飄下來　漫過每一道起伏的山梁
腹地　河流　筋骨　輕軟的呼吸

彌合　天與地之間
是一場雪花的距離　大雪將整個北京城
描摹進一幅畫中　它是靜態的
從鐘鼓樓開始　樹木　巷道　四合院
到廣廈萬千　和那個小女子飄動的長髮
她身後的腳印　迎面行駛過來的 635 路汽車

傍晚　她的行走
使她看到了蝴蝶　一隻　兩隻　千萬隻
它們集結的隊伍　如此浩大　又是如此輕盈
雪亮　在霓虹燈的照徹中
閃著晶瑩的翅翼　攜帶著天邊飛來的
短信　落入雪中　再也分辨不出
是哪一枚

那一夜的奶茶　美酒　蒙古人的好歌喉
把她帶到了遼闊的草原　帶到了那個
遠離的故鄉　憂傷　讓她在馬頭琴的曲調中
起伏　同族妹妹的體貼入微
這些母語的暖流　將一個放逐天崖的女子
迎回家　然後又一次看她走向遠方

大風至

我聽見季節的蕭瑟　大風刮下落葉
那些飄飛的事物　急劇旋轉　終要回到根部

我知道我所驚豔的　欣賞的　讚美的
那一樹又一樹的金黃
它們正凋落著　漂亮的羽毛
它們是那麼亮麗　絢爛　扶住一縷又一縷的
秋陽

暖風也好　冷雨也罷　還有抖然降臨的
寒涼　潑下的水　已使那些挺立的樹
榮辱不驚　只是安靜地去接受這些饋贈
努力地把自己站好

要來的都來吧　你們拿走的　總不如這世界給予的多
那些單純的　潔淨的　輕盈的
每一株樹木　都曾經擁有　那些明鮮的花朵
綻放過　飛翔過

而剩下的　剩下的就是
我們微笑著　回賜這個世界的風骨
靜靜地看著　那些美好的事物再次
悄悄地發芽　開花　結果

繼　續

她用慵懶　疲憊　修築河道　淺灘
時間緩慢下來　在某一處　停頓　止步
轉身——

一瓣一瓣　調零　飄落
紛紛如雪花　眾鳥的羽毛
——這些花朵

抬起頭少女舉起愛的燭花
幻魅在前方引路
明明滅滅　滅滅明明
像大山中的小溪向著大海　行進
而兩岸的叢林　河道的石頭
那些枝枝蔓蔓的事物
轉瞬　已是半生

此時　她多像打掃庭院的老嫗
收起那些花的骸骨　像抱緊年輕時的自己

愛啊　有多重就有多輕

她無法把這些告訴女兒　和那些純真的女孩兒
花骨朵一樣　幻夢　甜美
花開是自然的事情
愛情　還要一代接一代地
繼續 ──

風　中

所有的渠道都成為古琴　驟然傾瀉奔湧
流水響起樂音　灰濛濛天空壓下
只有我　長風浩蕩　舒袖起舞

那獨愴　我的歌吟在樂音中　在風中
唱給天地　唱給神靈　唱給永不枯竭的萬物
寂滅　那些睡去的善　美　生命的尊嚴
低伏於勢力權柄　那些泯滅的良知
他們正把白的説成黑

這淵藪　陰鬱的陳腐　冒著青煙
直逼孤子　直逼一個弱小的女子　她沉下去的一顆心
回到沉穩　她的微笑　她的冷靜
是上天賜予的傲骨

落木蕭蕭　一枚樹葉落入我的掌心
一枚樹葉　一隻船　就在我的掌心
我説：結束的時候正是開始

風　骨

我依然要開出美好的花朵　柔軟　清澈
汁液鮮潤　溫情飽滿　是生命使然
簡單的綻放　必須經過逼仄的冷寒
利欲佈施的陰霾濃重　潑出來的寒涼
黑加深了黑　天空一低再低　擠壓的迫切
灰與暗　扭曲　狂妄　那些小　被我逐一看清

迎著風站穩　微笑著傾聽肆虐　冷漠的圍困
硬過堅冰　我依然是微笑的　取出鋒刃
人怎可無傲骨　劈下去　混沌轟然倒塌　這開裂
使白更白　黑更黑　陰暗無法躲藏

觀　夢

我看到麗日朗照　看到大海的平靜
看到兩個朋友結伴相行　看到他們深情投入
而驟變　海濤洶湧　敏銳者丟棄了朋友
孤獨　絕望　加大了後者的惶恐
他猛醒後的逃亡　那些救命的稻草
不能負重

我置身其外地觀望　我高高在上地觀望
我像神一樣看到的發生　我焦灼而又麻木
我只能觀望　落難之人變成了一隻豹子的瘋狂
豹子的突奔　豹子的吼叫　他沒了蹤影

我馬上陷入了其中　我的一雙兒女　我們在巨石上
劫難很遠　劫難很近　劫難馬上到來　焦灼加深了惶恐
我首先讓他們逃離　保護他們逃離
求助離我最近的人　而他心不在焉
他別有旁騖

我殿后的保護　被吞沒　被嘲諷　被遺忘

漫　漶

慢慢地都被拿走　像這睡夢中的詩篇
那些排山倒海的句子　承載了多少
生命的喜悅與悲辛　它們曾像
早春的山花　那樣爛漫
那些萌生到恣意的過程是多麼美
而她不曾恣意

這塵世　總是有一些不想要的東西
在那裏等著　必經過它們　那些強加於的
大義　危言　面具隱藏的虛詞
這人間的　一場又一場的戲
怎麼就被捲入了其中
她是多麼的小　小得她的掙扎　她的歎息
她的尊嚴　她付諸的生命　如螻蟻——

總要為糧謀　哪里都有塵垢　上蒼
曾給她那樣一顆　潔淨簡單的心
她的神思　也曾像一匹飛奔的小馬駒兒

現在這匹馬也慢了下來　她的困惑已為不惑
時間伸出手來　慢慢取走
那麼快就帶走了她的　兩位至親的人
然而　她來不及悲傷　來不及追思
甚至沒有來得及送別……

啊　一個人在塵世　大部分時間
是被推著走　現在
她得上了時間的漫漶病　在奔波的途中
被浸淫　看一枚一枚葉子在流水中漂蕩
而後逝去　她終是其中的一枚動盪

自白書

挪動珍貴的光陰，用於散淡、慵懶
用於放下，用於回到柔軟
在凌厲、暗影、閃失無處不在的世上行走
不知道什麼時候就掉入了陷阱。那些風光旖旎中的
刀光與箭矢，烏鴉讚美中的毒

哦，上帝，請原諒
我人到中年卻如此怯弱，人到中年
還有些自戀與偏執。那些圓通世故
是必要的，而我不僅無法做到，還有著年少的
鄙夷。我依然無法剔除骨子裏的清高
儘管它們在逐日的消損。那些自我的對抗
彌漫在身體到靈魂的硝煙，那些掙紮
很多時候想放棄。而上帝
每在緊要的關口，總會施我以稻草
微弱的光芒，讓我看到了希望
我終是你不願捨棄的孩子。在蒼生中，我還是幸運的

很多時候我是倦怠的，與日俱增的惘然
灰。冷眼旁觀愛恨糾葛，陡然間
我的嘴角向上翹了翹。可我知道，那是每個人必要
經歷的。那過程便是繽紛的綻放
我已無力綻放，倦怠綻放

此時，我願繼續去挪動幾盆花草
把水仙當女兒養，當自己養，給它溫度適宜的水
陽光，給她端詳、凝視，情感的交流
無需擔心它借用我的柔軟來傷害我
這多麼好，它回報我成長、綠得壯實
還結出了花蕾，沒多久我的蝸居就會
飛滿潔淨的小鳥　張著鵝黃的小嘴
歌唱。歌唱吧、飛翔吧！我親愛的寶貝們

一夜未眠

這一夜　雨沒有停息　它敲打著窗櫺與大地
聽著天與地的呼應　那些短短長長的語句
鼉鳴清亮送來又一個秋季

我已在這裏　用上 40 年的光陰
恍然一夢　隔著一場秋雨的距離
曾走得那般辛苦　世界浩浩蕩蕩　我孤子一人
那些巨大的茫然　險灘 —— 膽膽怯怯
摸索著邁出每一步　每一步都踩在坎坷上
是什麼取走了我婆娑的淚水　一個小女子的屏弱
絕望的哭泣　留在了來路上

其實　有一盞燈　一直亮著　總是
以明明滅滅的方式　牽引
讓我在跌跌撞撞中爬起　又邁出了下一步
下一步　下一步 ——
從朝陽到瀋陽我走成了曲道

這敲打窗櫺的秋雨　這此起彼伏的蠶鳴
明澈照人　把那麼多的青枝綠葉
裝進了我的身體　從未有過的豐盈
在遼寧文學院 205 房間　2013 年 8 月 15 日
我一夜未眠

雨一樣飄落

一定會到冷　秋的寒涼　蕭瑟的樹葉
在風中旋轉　那一湖的荷　從碧綠的少華
到盛開　殘荷低垂　我小心地收藏

冬日已深　那些走過的路　看過的花
花中的暖陽　飛舞的蝴蝶
它們都在　還有那些笑顏　俏皮與溫存
在遠去的時光中　總有一天
不再灼傷　我的眼眸

時光所給予的　我們都要學著接受
那場潔白得繽紛的
槐花　香透肌骨到靈魂的時候
正雨一樣飄落

雪　夜

終於降下來了　這潔白
落向乾渴皸裂的一顆心　落窶處
那些荒涼　被一條碩大無邊的棉被
覆蓋　而它還在繼續加厚
溫暖在加厚　延展著柔軟　白
延展著茫無跡涯　這清涼　它的甘冽
是上蒼深情的眷顧

一切都靜下來了　吵鬧　叫囂　虛掩的猙獰
一張一張的畫皮　那些戲劇　紛擾的人群
漸漸收場　潔白鋪天蓋地　潔白鋪天蓋地
潔白鋪天蓋地 ——
多少美好在悄悄發芽　那些輕軟的呼吸
來到耳邊　那些毛茸茸的小手　伸展著嫩綠

我想停留在雪中　成為
萬千雪花中的一枚　蝴蝶一樣
旋轉飛舞　我是多麼迷戀　寂靜的旋律
我已落入其中 —— 融化　靜無聲息

南潯古鎮

我曾來過這裏　帶著飛鳥的速度與離去的背影
我所急返的城堡壁壘　添磚加瓦弓背勞作的家園
是瞬息的失去　早已搭好弓的箭矢　正在尋找時機

江南煙雨與十一月的落葉　撒向青石　那些金黃與豔紅
濡濕的記憶　收藏起足音　多麼寧靜　一條藤蔓
向上的行進與延展　柔韌的力　從青澀到成熟
明豔潤澤的美　它的優雅走過了堅忍

煙雨漸濃　一陣緊似一陣　舉步緩急　我的目光
不舍一湖殘荷　垂落之姿在水中的倒影　安靜閒適
時光的水墨　浸透漫漶　浸透歲月　浸透滄桑
塵世　總是被凡心所累

烏篷船　載我從畫中繞過古舊的城池
繞過富甲一方的莊園
很快　又在夜幕疾馳的車中　趕往機場
趕往生機盎然　趕往死灰沉寂　寒涼徹骨
也趕往在寂滅中　抬起生的新綠

高山流水

一再說到蒼涼　閃爍的淚花　來自冰凝的霜
我深得自然的道理　他給予的慢慢都會取走
春天已遠　秋天漸深

越走越孤獨　淡定從容　是用風華來交換
一邊走一邊看風光　我已不在其中
那些必要經歷的，每個人都躲不過

我深得自然的道理了麼　一株巨大的老槐樹
獻出的品酌　與風華正茂相遇　還是
被盛開所裹挾　盛開是一條激蕩的河流
催動兩岸的風　一輪月兒升起
低伏於月華皎皎　低伏於花開

可以彈奏一曲了　春江花月夜　或高山流水
它們在我的生命中　放置太久
喑啞的弦　重新獲得
光芒　塵年積壓的灰

已被輕柔拂去　水亮軟化一顆冷卻的心

淚水湧出的一刻　是無限的蒼涼
我用上凋零　用上殘缺　用上無法圓滿
用上一曲終了的離散　用上修煉半生得來的沉靜
此生綿綿無絕期的祝福

淹　沒

日暮還在那裏　雪花繼續飄落
快樂還在那裏　木橋　流水　水中的鳥兒
還在那裏　湖岸的樹　又蔥蘢了
荷花　很快就浮出了新綠
你還在那裏

我在這裏　潮水湧來　淹沒我
淹沒我的還有淚水　塵世的煙雨
夕日的趣語　笑顏　驟然的停頓

風起　海濤洶湧　撞擊著岸
梨花帶雨　你喜歡的　你看不見

2013 年，春雪

和你的信息到來的是一場春雪
打開手機時　文字就和漫天飛舞的
雪片　一起降落
我抬頭　浩大的天音　灑下甘霖
灑下甘霖時　一雙結實有力的手
將我從深淵中撈起

我的雙眸盈動的水花　被雲隙裏的陽光
映照　豁亮的
豁亮的陽光　驅散烏雲　也驅散累日的陰霾
潔白的雪　閃動著晶瑩的光　千萬個小太陽
在閃耀
我看見　所有的樹掛　掛著的不是雪
是天神　詠唱希望的訊息

我註定要一次又一次　逆著時間的洪流
返回到那裏　2013 年 3 月 20 日
鵝毛飛雪　在盛大無邊的潔白裏
揚起頭　陽光穿透雲隙
洪大的訊息　就重新降臨

從武林門碼頭到塘棲

塵世浩大　宇宙磅礴　個體生命是多麼微小
小到一株草　一隻螻蟻　一粒粉塵
我在北方思念江南　在大漠懷抱柔軟
宿命裏前世的鄉愁　那些恍惚

此時　我在這裏　海棠嬌豔　迎春鵝黃
櫻花飛雪　綠將世界染醉
一條漕舫拿出全部的空間　用來放下
幾千年的舊夢與現世的憂傷　那些逼仄與蒼茫

多麼安靜　水波微漾　漫過我的心房
偶爾的鳥鳴　落入水中的還有它們的倒影
金戈鐵馬　遼闊疆土　一脈水流貫通南北
君王南下浩大的龍舟　遠去成歷史的一個縮影

我在漕舫凝思　在喧囂之外　紛爭之外
時間緩慢　春風徐來　一曲高山流水拂去塵埃
這奢華的擺渡　讓一顆掙紮的心
回歸安穩　回歸寧靜　回歸淡泊
抵達廣濟橋臥虹長波時　江南又起煙雨

風休住

── 致李清照

隔著眾多的朝代與歷史，我來看你
仰頭相遇的漂蕩　在浩渺的煙波之上
那些顛簸　不定　攜帶著創傷
撞入我的身體　驟然　湧起淚水
── 滿腹的悲淒

天地蒼茫　飄蓬一葉
四伏的危機與巨測　在怎樣的路口狹路相逢
這人生的際遇　這浮世的煙雲
我曾在聲聲慢中憂傷　在獨上西樓中感懷
在人比黃花瘦中憐惜

一顆心在戰慄　還是兩顆心的戰慄？
在百脈泉　我繞過東麻灣
畫廊　流水　漱玉泉　站在這裏掩面
流著千年前你的淚水　捂著今朝
我疼痛不已　一顆破碎的心

"風休住，蓬舟吹取三山去。"
"風休住，蓬舟吹取三山去。"

童　話

此刻　我有萬畝雲田　一條淺藍色河流
陽光傾覆的寂靜　安詳得柔和
一千匹馬　止住的奔騰　無以計數的企鵝
放下呼朋引伴　每一個雪豹都豎起了耳朵

不動　不動　萬物不動
聚斂著千古的光　聚斂著千古的靜
讓路於你微微的鼻息　睡夢中的淺笑
我的凝望──

我的凝望啊　穿越千萬年的長堤　風雨
幾世的淵藪　抵達這一刻的溫軟　靜寂
雲海之上　霞光退去

晨　曦

紫色的蝴蝶藍　飲著晨曦
我聽到了又一朵　打開了翅膀

一縷風飄來　掀動書頁　端坐在電腦前的我
正好把一切準備好　媽媽　您看
在美編到來之前　再也不差什麼
剛好開始這一天的工作

我站起身　向窗外望去
杏花開過　梨花又開過　荊棘花粉白的香
圍起籬笆　打碗花在晨露中　又伸展了幾分
太陽爬上東邊的山岡　凌河的水擁抱住陽光
我閉緊了雙眼　水流還是從雙目中淌出

媽媽，在這個清晨，您來過
將女兒從深遠的睡眠中喚醒
"哐當　哐當　哐當"您拉動風匣的聲音
沉重　鏗鏘　在北方山區寂靜的清晨
它貫穿了我整個童年

初 雪

—— 懷念母親

雪追趕著雪，覆蓋一冬的枯澀、寂寥
被忙碌擠兌得乾澀的大地，一顆心的焦灼
需一湖水。渴念，日日都在盼，靜默轉動年輪
俯身、舉首，我不說出的信仰
一直都在堅守

你來，親吻我、撫摸我、凝視我
以潔白的棉羽、輕柔、覆蓋我 ——
一切嘈雜、吵鬧、喧嘩，都停止了下來
浮塵中的那些事，遁跡無蹤

這樣的夜晚，養冰潔、養玉骨、養風輕雲淡的
一顆心。養海上升起的一枚月亮
養一顆高貴的頭顱
養我經年向上翹起的嘴角 ——
酥酥的戰慄，攜帶著閃電，萬物都在發芽

雪飄飄、水融融 ——
天地屏住了呼息
媽媽，在這樣的夜晚，你來
我們合二為一。古運河闊大的水藍
嫋娜升起沁涼的水煙，叫 —— 暖
躍上枝頭的，不是群鳥兒，是玉蘭

禮　物

這是今年的第幾場雨？它奔向大地與萬物的合奏
淋醒了我的心。這一年有多少事物被我忽略
那些花開、草綠、蝴蝶的翅翼，那些飛鳥的天空
疾走的人群、這人間的時光
一日一日都在翻動

而我心蒼茫。傾覆巨大的疼痛，那些忍住的淚
不能說出的傷，無法返回的故鄉 ——
沉入啞默。我用啞默、纖弱、柔軟
用愛　與突然而來的下陷、殼底、寒霜
那些飛來的石頭 —— 對抗

媽媽，您看啊，您走了，帶走了風燭殘年
病痛。一生的辛勞。而把一個女子的柔韌
倔強。對人世美好的信任。執著。留給了我
留給了我

扶住我的弱。我的踉蹌
在風口，微笑著把自己站穩

暖　陽

── 致父親

這暖陽　灑向了昆明湖　上天恩贈無數的金梭與銀梭
萬頃碧綠的叢林田濤　起伏的山巒　玉峰山上的
玉峰塔　乾隆皇帝借來的遠景　將頤和園推至無邊的遼闊
這宏大的手筆　在我們的極目中　展卷

父親的專注　驚歎　眉宇間舒展喜悅　臉上漾起陽光
這位74歲老人滿頭霜雪　他微駝的背　臉上的溝壑
綻放遒勁的花朵　亦如飽經歲月磨礪的老樹

他看碑文的認真　那興致
對美學的理解　對歷史事件的關注　他的不厭疲勞
那光焰　某些生命　在父親身上　復活
那些割捨　壓制　寂滅 ──　被生活的重負取走的
它們抬起頭　和父親一起走過長廊　繞過西堤
此時　我們在佛香閣前
我和父親　在我先生的取景中　遠眺近觀

我的父親 ── 那個年輕時愛唱戲　愛畫畫　愛扭大秧歌
有著宏亮的音域　英氣俊朗　一大家子人頂樑柱的父親
他給了兒女們生命　也向兒女交出了這一生
他總是老不舍心　牽掛太多

父親的生日

父親忍住了淚水。隨著小弟的兒子，
父親五歲的小孫子鈺然
在電話的那邊響脆脆的："爺爺生日快樂"，
那迅疾漲起的潮水，被父親咽了回去
父親的嘴角顫抖，撐緊的眉頭，揪住了我的心

我的疼痛，不能言喻的酸楚
淚水在猛然湧出的一刻，同父親一起咽住
生活還要繼續 ── 為了活著的人　為了更多的親人
我們還是要微笑。
現在，父親在我、先生與女兒的喊聲中
微笑著，對著跳動的燭火閉上眼睛 ──

看著歲月在父親頭上灑落的霜雪
我也微微閉上雙眼，把再次湧出的淚水阻擋
父親曾勸慰我說：老天爺摁到了脖子上，就得挺住！

挺住 ── 現在，我們暫且忘掉悲傷，忽略遠去的人

暫且不想母親　不想小弟
在生離死別與突然交集而來的不幸中
這世界的滄桑、荒蕪，我們經歷
此時，我們開始種植新一輪的希望

而我知道　眼前的這位 74 歲的老人
他許下的願是多麼樸素　又是多麼令人寒酸
不忍碰觸：
"我如果再活 12 年，那時小鈺然就 18 歲了。
他已成人。"

梨花清白

穿過眾多的粉塵煙雨　山一重水一重
我來看你　飄搖的肉身收緊一顆羞愧的心
一再把思念埋藏得更深
在命運的坎途與卑微的生裏　放低自己

似乎有太多的理由　莫視存在　甚至放下了
停留與撫慰　只是為觸摸到三米高的陽光
離散與飄零走在路上

我已不會輕易説出你　不是為了雪藏
素樸與光芒
媽媽　哥哥和小弟　居住在那裏
一經想起就會淪陷　更多的抗拒在抵禦

在原平　我一步一步走近
滿山的白　滿溝的白　滿世界的白
陽光灼眼　每一朵清白上都有我親人的目光

西瓦窯的天空

如何來記述這片城池　已在其中的
仿佛是遙遠的彼岸　我望向天空的眼神一定有些癡迷
白雲湧動　萬象更迭　水色的天空把塵世洗藍
又把自己照亮

在北京　我這個異鄉人在人群中晃動　奔波
或退避一隅　經常懷念童年的天空
卷起風雲與閃電　一個人的世界大雨傾盆
更多的時候是寡淡的憂傷

我一再思念　那天空的遼遠　碧藍上飄動的白雲
夜晚　它有萬馬奔騰的江河　有萬象湧動的山谷與峰巒
一抬頭就望見了神仙　一低頭就聽見了歌吟
我是知了　秋蟬　蛙鳴中的樂手
我是輕風　明月　曉霧中的歌舞
我是一株小草　一朵小花　一枚彎月
一顆星星掉落凡塵
這些或許都不是　我就是我的思想萬千

是塵埃的一粒疼痛　擠壓中忍下的屈辱

此時　在鴨綠江大街 53 號
從一個窗口　望向天空　舉目更深的藍
我看見雨水還天空以潔淨
白雲回歸白雲　高遠回歸高遠
我回歸了我　那巨大的寧靜與舒展

在子午線偏西

我深深的凝眸　舉目　徘徊
將蕭瑟的冬日　寂寥　眺望之遠
以稀疏的枝條　指向蒼宇

有什麼從遠處飄來　在一絲雲彩也沒有的天空
或陰霾壓低的喘息裏
有人離開　有人到來 ——

原諒我　一次又一次地
雙眼盈滿淚水　卻不能說出更多
靜默裏　只會重複著舉起相機
拍下清瘦的枝條　遒勁的古樹　在人間與天庭之間
搭建橋樑

很多時候我會一動不動
只是為了等待　一群鴿子飛過天空
盤旋而來　盤旋而去

凝望裏的鐘樓　兀自挺立
暗湧的河流　夾著疼痛
一次又一次湧來　消解古意
在子午線偏西　一個小女子承載不起更多的
憂慮

朝　拜

陽光湧流鋪滿金黃
我繞過了山重水複　疊嶂萬千

天空把水藍　把寧息　靜止的風
撒向昆明湖　昆明湖用冰肌玉骨水亮的遼闊
講述潔淨　講述世界原本可以這樣

我是一隻倏忽間飛過的鳥兒　我是染滿塵俗
卻心向無塵的肉身　向萬壽山行走的每一步
都是朝拜　每登一個階梯都是提升
也都是放下

在眾香界　在智慧海
我與眾生一起被天光照亮　被慈悲洗禮
我通身暖亮柔軟時
正是回到嬰兒的誕生裏

佛樂裏

在靜謐的時光裏，頌詠經文，佛樂縈繞
淚如泉湧。在某一處停下來
啜泣不已——
悲愴蒼涼，都找到了出口
那些抵抗放下了堅忍，一層又一層的鎧甲
一一放下
一層又層的包裹
一一放下

萬物蒼茫，我不過一株草木
佛啊，在您的面前，回到柔軟
青蔥正漫過，每一寸肌膚
青蔥使荒蕪抬起綠意

佛　前

我淚流滿面　不是因為我悲傷
不是歲月沉積下的酸澀與疾苦
也不是生命的潮汐湧動

淚流滿面是因為我吞下了蒼涼
隱忍了獨愴　沾染了滿身的塵埃
依然愛著當下
愛著湧動的萬物　季節的因循

是的，我依然相信美好
相信慈悲

彩　虹

我看到彩虹時，是淚水洗過的雙眼
在佛的恩慈與安撫中，返回紅塵。
我要感謝眾多的停滯，等待中每一分秒的
無限漫長；感謝橫生的枝蔓，寧靜的時光中
那些突兀的
凌厲。衝突是無處不在的，我所忍住的
言辭，放下的對峙
在佛的面前，修的是心性。

當我再次起身，在隆冬濃重的北方
數九寒天，孩子水亮的聲音，叫出彩虹
七彩的光焰。我看見它們從萬物中升起時
水靈靈的，先是從地心升起。

穿過彩虹的光焰，我的驚喜
說出冰花的水亮，柏樹的枝蔓
捧出豐饒的白菊。紛披的恣意垂落大地
垂落進蕭瑟的蒲草，綿延的忍冬青。那些靜息的

就迸射出光 ——

我要說出的是：
那一束束的光焰，不是彩虹，是麥子的
舞動與風湧
是七彩的麥浪，吹拂塵世的生活。

她只是微笑

她把自己退避在角落　微微地低頭
收攏著下頦　眼睛凝視著前方
安靜的那一瞬　是在匯聚千年的力量

突然　翅膀打開
才看到　那雪藏的光芒在鋒刃之上
出鞘　又像美刺傷了
眼眸　此時
你所驚歎的不是花朵的美
鳥兒的美　草木的美
流水的美　雲霞的美
都不是　那是一個女人的美
也不是　她含著笑
不聲張　她以啞默與
整個世界對抗　以微笑與
整個世界和解

她只是微笑

小凌河

水流漫過石子　微瀾輕漾
帶走永不回頭的時光
生命就是　一瞬一瞬地被取走
也是一瞬一瞬地聚斂　水蝕　風侵
——塑造出日月山河　千年的姿容

用了二十年的　茫然　嚮往　掙紮
狹路相逢的羞辱　那些忍住的痛　一再低下的頭
努力尋求的從容與淡漠　哦　大寧靜　大安詳
原來一直都在這裏

在綠草中休憩　或在水中戲遊的鴨子
是多麼潔白　多麼閒適　那些水中的草
或纖細或豐盈　都把自己交給了流水

靜靜的　清清的小凌河啊　你養育了兩岸
青山如黛　蓊鬱成嵐　你賜予我生命的另一半
從青春到中年　還要相伴到老　我冰雪聰明的女兒
也是順著你的血脈而來的　你所給予的
二十年後的今天　在靜靜地思索

噓

我看見雪在寂靜地開
把大地開成白　把層林開成白
把河流開成白　把山巒開成白
把樓宇開成白

把一個清晨開成白時　我被白開成了白
我輕輕地"噓"一聲　也開出了白

舊時光

“一些事物終將遠去，一些花開終將飄落”
一次又是一次　她對自己這樣說

很多的時候　她搖搖頭
淡淡地笑　那篤定的方向　結果
是如此直白　清明

而又是什麼如此忤逆　將她拉向另一個方向
出走　出走　留下空空的殼
一次又一次　不可救贖

緣分是巧合麼　這突然而至的
迷離　恍惚　玄妙　重生
打亂了秩序　規則　古訓
時間靜止　而世界小到只剩下
兩個人　一個人　一個驚嘆號
一個句號

然後　就是時光
──那些漸近又漸遠的　舊時光

尚有荒蕪

李　點

作者簡介：

　　李點，河北衡水人，1969 年 3 月出生，在《詩刊》《詩選刊》《綠風》《詩潮》《詩歌月刊》《揚子江》《星星》等處發表過詩歌，入選過一些詩歌選本，獲過小獎。著有詩集《三色李》（與人合集）。河北青年詩人學會副秘書長，現居北京。

小小幸福

身邊的那些花兒
提著臀
聳著乳
開在想落腳的任何地方
悠閒自得
目空一切

我走小路
低眉順眼
自卑並偷偷寫詩

有時
竟會把這
當成一種小小幸福

我本想借機抒抒情

入睡之前
我聽見雷聲
一道道閃電猛烈抽打著古城
倉惶的雨點兒
全都失足掉下來

這是多麼好的場景
一個夢想成為詩人的人
正好借機抒抒情

可我不想悲傷
我又不想怨恨
我寫不出一首疼痛的小詩
輕易把你們打動
請原諒我的輕
輕盈的輕

蕃　茄

如果可以是果蔬

我必定是多汁兒的那種

紅豔並不重要

但一定要品質上乘並且堅定

內心要軟

如果有意外發生

要懂得疼痛並及時大呼小叫

接下來

要深深愛著這些傷口

尚有荒蕪

這是亂世
我總是踟躕而耽於行程
看一隻大鳥從大雪紛飛的城市趕來
我羞於提及飛翔
但我慶倖自己尚有慌亂
尚有幻想，尚有荒蕪

無言的悲傷

那次道別有沒有和你握握手
有沒有贈言，說再見或者再一次回頭
我不記得了
遺忘那些細節對於我們
似乎並不太重要

當我一個人站在黃昏想起那個下午
右手無聲地握住了左手，久久地
仿佛此刻，它們正經歷著一場
無言的悲傷

雜　念

我的雜念總是那麼多
甚至不能靜下心來好好去愛一個人
這讓我羞愧
我要好好去寫每一首詩
總有一天他會明白
一首小詩勝過千言萬語
詩中的我，是怎樣眷戀著想像
喜歡在一張 A4 白紙上低低地飛翔

中　年

在距你千里的屋簷下寫詩
我要讓每一個漢字都擁有蝴蝶的雙翼
它們見證著我燈下的困惑和不辭辛苦的中年
隨時給你帶去我命定的憂傷
一個句子尚未結束，另一個句子即將開始
多麼像我拒絕不了的生活
日復一日，年復一年

懺　悔

想起母親星期天去教堂做禮拜的情景
我不明白
這個善良的女人
一輩子安靜，寬容，無數次地幫助陌生人
任勞任怨，忍辱負重
能有什麼可以長年累月地向上帝懺悔
我不篤信上帝
可是今天，親愛的我的媽媽
在春天的一個清晨
我想知道，您是怎樣在胸前畫的十字
怎樣跪在那裏禱告
怎樣因為心中的一點不安請求上帝的寬恕
媽媽，我親愛的媽媽，今天
您的小女兒，我，一個忐忑的中年人
願意因為內心隱秘的慌亂和繁蕪
深深地埋下頭

那　時

我偷偷把你喚作親愛的
把你的姓氏塗在手心裏攥住
那時，我飽滿並且慌亂
等待著幸福降臨

藍　莓

是一種水果嗎
如果她是顆粒的，她們應該
一顆緊挨著另一顆
在果盤裏，竊竊私語
如果她是液體的，一定是
小溪裏清涼的流水
經過了我，也經過了你

她只是一個名字
你要喜歡，並輕輕喚她

光　陰

如果可以返回 40 年前

再做一枚純淨的嬰兒

從認識一粒糧食開始

重新識別人間煙火和飲食男女

認識蛇的隱匿、狗的忠良

學習壁虎的脫逃術

四十年，我依舊懷著一顆向善之心

但不再固執和莽撞

懂得擇時抽身

避開鋒芒，做一個困乏的中年人

途 中

這瓢潑大雨
把我的車子按在京珠高速上
只有四十邁
像個緩慢的蝸牛
我始終無法把擋風玻璃上的雨水驅除乾淨
無法拒絕它們
仿佛內心的塵埃

暗　處

一定有什麼，在暗處
盯緊了我
看著我步入生活的滾滾洪流
在我學會處置那些瑕疵和漏洞之前
悄悄影響我凌亂的生活

而我心存敬畏
接受那些莫名的暗示
始終不敢掉以輕心

致小素

平息變得艱難

我越發痛恨自己，小素

我開始相信

人生總有很多無奈的不期而遇

一杯苦咖啡讓我度過了一個不眠的夜晚

我說阿華洶湧的梨樹鎮

你深霧濃鎖的窯莊

亦真亦幻，亦心有所依

而我文字動盪

無法擺脫塵世的歡愛與疾苦

清　晨

你好，起霧了
我的城市深陷在濃霧之中
我並不擔心這些
只是信手打開霧燈
多好啊，我熱愛過也厭惡過的城市
此刻隱匿了龐大的身形
它嘹亮的部分正在擦拭
猙獰的部分正在懺悔
時間尚早，善良的人們依舊安睡
而我，緩緩行駛在南北走向的大街上
路途潮濕、迷蒙，但我慶倖內心乾淨

安　放

除了大霧和雪
除了強大的路人
仿佛冬天，再不會給我們
帶來任何驚喜或者羈絆
好吧，我接受
接受這盛大黃昏帶來的寒冷與孤獨
接受這微茫的夜色和命運
願這冬天，能夠將我們的身體和愛
輕輕安放

途　中

是時，我坐在二號車廂臨窗的位置上
二百公里的路程與你無關
而我，一直在心裏對你説
我已經能夠平靜地看待車窗外的事物了
不似從前，那麼易於洶湧
偶遇和易逝，熟悉或者陌生
已經能夠平靜地被我接受或者拒絕
那些留戀著的
我亦學會了輕描淡寫
這個冬天多麼豐盈
有五十年一遇的大雪和候鳥
心系千里的愛情
當又一處村莊迫近
我看到小路上一個身影模糊的少女
正朝著疾馳的列車揮動手臂，那一刻
我的心中湧起久違的渴望與感動

小令，給小素

夢境溫暖
我不願醒來
當詞語和塵世的霍亂
再次襲擾我們
除了謙卑的熱愛和無言的接納
我們總是別無選擇
我們深深愛著浮世繁華
學會了接納多舛的命運
浮雲如夢，為什麼背負的越多
戰慄的總是我們
當結霜的清晨悄然降臨
我已忘了哪里可以踏上歸程

哦

安靜的清晨
只有窗外蛐蛐的鳴叫連成一片
她們在讚美什麼，呼喚什麼
天氣還不夠寒冷，草木尚未枯黃
她們一定把朝露看作瓊漿
把歡愛當作理想

北風來得再晚一些吧
不要輕易摧毀塵世間這微小的幸福

途 中

我喜歡長長短短的旅途
途中深深淺淺地懷想
喜歡迷醉中的半夢半醒
陌生的景物在窗外一閃而過
無法捕捉也無需為其深陷惆悵

我喜歡一個期待已久的短消息不經意間
突然響起
這悄然的念想的確沒有把世界驚擾
當我在這一刻想到一個美好的詞
我頓時擁有了你們所不知的歡喜

陌生的旅人似乎都睡著了
他們無從知曉和分享這個清晨
我所擁有的全部歡喜
而我還是願意我的目光，如此溫和地
滑過他們的面頰

鏡中人

為了看得更清楚
我近一步靠近自己，我看到了
父親的智慧和母親的良善
正匍匐在我的眉宇間
不斷糾正著我的躁動、偏差與不安
他們的美德，隨處可見

而那些來自歲月的斑點與皺紋
見證著我的清苦與甘甜，歡愛與仇怨
她所遭遇的，正是我要感激的
多美啊，那鏡中人
她具備匠人的厚愛與雕琢

故　人

一個死去多時的人
和我握手，擁抱，甚至把我
引向更深的暗處
疑惑是必然的，也會步步驚心
但我始終認為
她不是一個危險的人

她交出了腐爛的結腸和手中的權利
坦白了和生者的關係
她已經威脅不到任何人
但我仍在為她具備穿越黑暗的能力
而微微吃驚

一個孤獨者期待的內心繁華

窗外的春天
正是我們期待中的樣子
遲到的溫暖，並不影響這個世界
一點點豐盈起來
有一種呼喚
是無聲的
讓人真的有點按捺不住

喜歡宅居的中年女人
靠在窗前多時了
有那麼一刻，我甚至相信
在她平靜的注視下
繁花將次第盛開
世界呈現出有愛的模樣

寫在春天到來的時候

我想哭，大聲地哭
高一聲低一聲粗一聲細一聲
一聲接一聲地哭
像母親用舊的紡車
在深夜，持續發出迂迴的噓聲

我想哭，在春天到來的時候
哭聲不是一個人若干悲傷的宣洩
我想用這種方式，告訴世界
命運垂憐了一個女人和她曾經的苦難
讓她一推開窗，便看到
紫荊花在開

雨　夜

夜裏淋雨的人
你若抬頭
就能看見五樓視窗隱約的燈光

被雨淋濕的花朵
在暗夜裏寂靜地綻放
屏住呼吸
就能嗅到來自異鄉潮濕的香氣

我們做一些交換吧
你來安放我虛無的夢境
我將帶走
你體內的寒涼

直接哭了

我能想到最開心的事
是我死了
你風塵僕僕來看我
最好不過的情景
是你一個字都沒說
直接哭了

在異鄉

我得學會在陌生之地站住腳
熟悉陌生的店鋪和街道
對單元樓裏遇到的每個人
報以溫和的笑
讓他們毫不費力就接受
一個初來乍到的小婦人和她
心中的萬千河山
異鄉的星斗格外明亮
異鄉的鳳尾絲蘭開得招搖
異鄉的秋天被蛐蛐一聲一聲叫涼了
我有異鄉人一時無法修正的
疑慮、忐忑和不安
夜深人靜我在陌生之地執筆
在一千二百元月租的房子裏
緩緩寫下
一切尚好，請勿掛念

秋　日

時光咬緊了我的中年
此時，選擇和一株植物站在一起
肯定是有道理的
她的果實，在黃昏的微涼裏
並未停止生長，她的身體
接納了緩緩降臨的露水和黑暗
我有著觸摸的願望和投胎的遠大理想
用以平息或者撫慰身體裏
日漸增多的渴念

交　換

落日西沉的時候
無花果樹交出了最後一枚果實
在它對面站著的
是一位後背深深駝下去的老婦人
她握住果子的手
遲遲沒有落下來
仿佛存在著一種交換
的確需要相對靜默的時間
在北風驟起的荒涼時刻，我懷疑
她們彼此交換了更多
我所不知道的東西

我不是一個對愛十分麻木的人

夢見一個死去多時的人
來看我
我想
他在冬天來看我
我應該把家中
幾枚新鮮的玉米送給他
這樣就不會欠他什麼

他在深夜來看我
什麼都沒說
沒等我醒來就走了

我很後悔
我沒來得及對他說
對他的造訪我並無敵意
我不是一個對愛十分
麻木的女人

妯娌張紅平

南臣贊村村民張紅平

吳占雷家的

懷二胎時生育間隔不符合國家規定

被迫大月份引產

那團肉被扔進一個

骯髒的塑膠桶

她娘用一根捅火筷子扒拉兩下

那團肉就無聲地抽動兩下

她娘的手就哆嗦兩下

是個女的

她娘說

每次說到這裏

張紅平都會停頓一下

然後，她說

是女的我就沒哭那麼厲害

小叔子吳占舉

南臣贊村村民吳占舉
幼時高燒不退
村醫打了幾針慶大黴素
致失聰
致失語
致失學
娘死不瞑目
而立之年方娶糖尿病患者為妻
至今仍無子嗣繼承自己的
種地手藝

我們多麼需要見上一面

隔壁住的什麼人，我不得而知
隔著厚厚的牆壁，隔著心
午夜傳來窸窣的腳步聲
爾後，仿佛一個人動用兩根手指的力量
在擊打牆壁
分明是一個詩人在深夜
遇到了深淵
你看，我們多麼需要見上一面

想把一首詩寫成這樣

我把草壓低
是為了方便有人
來看我
我有愛並安詳
始終
未受冷落
這和塵世的生活
基本一樣

愛的小令

現在
你在我的懷裏
一切
都將獲得讚美
之前
我還為夏蟲
感到憂慮
如今
它們都
不值一提

我很久沒有去愛了

我很久沒有和你聊天了
很久沒有寫詩了
很久很久
我沒有在上班路上
把一顆小石子踢得老遠
又追上去
找到它
再踢
往更遠處
那時，我是快樂的
我很久
沒有去愛了

遠　方

列車在黑夜中穿越寂寥的華北平原
車窗上的玻璃，映照出車窗中的自己以及
懨懨欲睡的夥伴
燈火在遠處忽明忽滅
沒有誰可以告訴我，我們正途經哪一個村莊
哪一條河流，哪一座墳塋
我不知這是誰的故鄉
多少次在途中我不知身在何處

多少次我靜靜地
望著窗外，想著遠方

道　別

當我停止呼吸
無法動用心跳、語言和視聽
無法動用手指做最後的挽留
遠道而來的人
請用雙手撫摸我的臉頰
跟我做最後的道別
只有她，堅持著最後的溫熱
遲遲不肯放棄
塵世給予的全部溫暖

我是世間多餘的一部分

世間發生著的一切
和我無關也和我有關
當地球微微搖晃
我不得不考慮它們的存在和我
有著怎樣的關係
依存，抑或對立，緊張，抑或緩和
很多時候
我都是在來路上
不斷地退縮
不斷地把自己騰出來
仿佛只有這樣
那些可容之物
才不會從容器裏面溢出來
仿佛我是世間多餘的一部分

記憶中的蝴蝶

那是太湖之上的一個美麗小島
一隻碩大的黑色蝴蝶
反復出現
她無聲翻飛在身前或者身後
像一個神秘的旅伴
因為獨自一人的孤單
我的目光被牢牢吸引到她上面
僅僅是一愣神的功夫
她突然消失不見
與一個不速之客的邂逅與離別
所體會到的深深的悵然
就像再次把一個人，熱烈地
想了一遍

雪亮的北方

我想應該有一場大雪趕在你
到達之前，落下來
替代這深鎖咽喉的霧霾
迎接你的將是雪亮的北方

請在衣櫃中挑選兩件
保暖的衣服穿身上
用以接納零下 13 攝氏度的北京城
要知道塞外襲來的風
在深冬，顯得過於凜冽

我們找個溫暖的去處
一起喝酒，聊天
看窗外的小情侶把雪踩得咯吱咯吱響
而中年的我們
心中藏匿著各自的愛和渴望
互不解釋，也互不聲張

只有時光才可以安慰我

一顆哭泣過的心
在暗夜裏醒著
看大雪飄過北方孤獨的曠野
小獸藏于幽深的洞穴
星子俯瞰人間的聚散與悲歡
只有時光能夠說出
我的身體連同內心深處的秘密
只有時光能夠指認我守護多年的愛情
當我在暗夜哭泣
為著一些悄然來臨和流逝
只有時光才可以安慰我

如此寫詩

我寫輕盈的詩歌
不是我的際遇適逢規避了沉重
苦痛的時刻
我不願大放悲聲
安靜就安靜到仿佛一切都很美好
輕盈就輕盈到像一株春天的蒲公英
悄無聲息地靠近春天

遙遙無期

我在夢中，終於忍不住
向你表達我的愛意
你坐在前排駕駛座上
我坐在後排右側的位置
適合掩飾
更適合表達
我終於勇敢地望向你
啊，時光
如果你能夠停留片刻
我的愛，就不會再次變得
遙遙無期

不是媽媽

姐姐的孩子
一歲零六個月
睡在我身邊
懵懂醒來的時候
翻了個身
兩隻小手揮舞著在我胸前摸
我有少女的羞澀
我躲開了
她眼睛還閉著，卻快要哭了
我遲疑著把胸挪過去
她的小手迅速準確地捏住了我
我以為她會安靜下來
我錯了
她銳利的哭聲刺痛了我
"不是媽媽"

秋天的廢墟

衝動時我是一隻
斑紋美麗的豹子
奔跑
撕咬
護犢
也會因為愛情而急得
團團亂轉
現在
我安靜下來
在黎明
在秋天的細雨中
我
是一座廢墟

不好過了，就哭一會兒吧

在寂靜中醒來
被寂靜打倒
想這寂靜
冥冥之中必有誰在佈置安排
曾幾何時
她在人群中指認了我
並降下災難
寂靜如斯
令我惶然不知所措
我深知她做出選擇的謹慎
而我，別無選擇
那時我想，不好過了
就哭一會兒吧

沒法哭了

父親病了
越來越嚴重
夜半我忍不住大放悲聲
為了安撫我
老公把我攬在懷裏
親吻
擁抱
後來，他把我的手放在
他的小弟弟上
他一這樣
我就沒法哭了

春　天

綻放總是滿目清新
令愛湧動
讓人忘記自己是一個
心懷傷痛的人

致香樟樹

五百年的香樟樹
周身佈滿青苔
彰顯神性令人肅然起敬
詩友在拍照
臉上的表情一半是喜悅
一半是神往
我的悲傷不請自來
八十歲的老父親
此刻正躺在醫院的病床上
我恭敬地注視
小心地撫摸
不要五百年啊
我也不要一百歲
請保佑我的父親等我回家

致父親

父親，你走後的第三天
我就回京上班了
相比在你病中
我有了較為踏實的睡眠
母親暫居老家，由四姨陪伴
你放心好啦
那日看你離去時
天空突現彩雲一朵
我想，你終於找到了一個滿意的歸宿
多麼好，父親
那片墳地，西面鄰村，三方有路
可謂四通八達
太陽從地平線上升起時
一點阻擋也沒有
正如你所願
父親，晚風襲來時
已備好花生米一盤，薄酒一杯
一如往常，幹了吧

大地上的寂靜

我得需要一些時日去接受
父親的離去
需要一些時日用以遺忘
一個無人接聽的電話號碼
手機裏還有幾十張父母在京
拍攝的照片
那時的父親，已略顯消瘦
一個人死了
不成灰就成泥
不需要在塵世繼續掙紮
不需要違心的隱忍
不需要艱難的吞咽與呼吸
不需要過度謹小慎微和自責
哦，父親，大地上的寂靜
多麼適合你

蔓　延

五月，藍天的日子
比往年要多
小麥開花授粉，田間碧綠而芬芳
世界還發生過什麼
我不想知道
五月，我的父親死了
麥蒿把花開成鵝黃，鮮得要命
相信不久，一些植物就會
聽從某種召喚
迅速蔓延到整座新墳

我只在心裏喊了一聲爸爸

父親在地下行走
行蹤隱秘令人不安
一場雨後
墳塋略有塌陷
我給父親捎來紙錢、水果、點心和煙酒
幾天過後
不知收到了沒有
大姑說，你姐倆上墳的時候
一定要大聲哭一哭
姐姐哭了
我沒哭
我只在心裏喊了一聲：爸爸

夏　天

這是我們共同經歷的夏天
我們不得不面對隨時而來的雨水和悲歡
在同一個屋簷下
我們重新憶起一些舊事
那時，少年正在成長
多麼像你，英俊而又倔強
你享用一隻酥脆的紅尖椒，額頭上
冒出細密的汗水
而我，正艱難地從一場夢境中返回

孤　獨

黃昏時在一棵樹下駐足
看粗糙的幹、嫋娜的枝和
你的明眸皓齒

你接近中年
習慣了把光芒放在低處
此時拉動一根枝條
你會輕易交出最後一片葉子

寒冬臨近，我在樹下
有著和你一樣，深深的孤獨

下雪了

下雪的時候
我正滿腹心事
掀開窗簾之前
我不知道早已有一場大雪
像預約了一樣等我

我說，好吧，覆蓋吧
是時候了
這枯黃的落葉和
內心的狂瀾

我喜歡上了敍述

是的，我喜歡上敍述
和任何想像無關
我說到一棵草
房前屋後或荒郊野外

我並不描述它的綠、葉片上
不易察覺的塵土和往事
也不回憶春天、拔節的聲音
不提及金屬的光澤、牛羊的齒痕
灼熱的目光和鹽鹼地

我只是忠實於親眼所見
一場火中，兩棵草或兩棵草的
兩片葉子，抱在一起

最　後

那時，我呼吸微弱
但心跳還在，體溫還在
我已經沒有力氣握住親人的手
也聽不到他們的呼喚
很多人圍在我身邊
醫生已經退去

我無法說出眷戀
無法流出眼淚
只需耐心等上一小會兒
等一個千里迢迢趕來告別的人

河　流

我懷了深深的敬意寫下
一條河流
我不寫它的走向、深度、寬闊和仁厚
不寫它的鄉音、轉身和奔走
不寫它獻出支流與眷戀
它應該有一個好聽的名字
我該叫它什麼呢
我日夜推敲，不知疲倦
時而滿心歡喜
時而結下小小的仇怨